AF243473

·ORAISON FUNÈBRE

DE

M. L'ABBÉ BERGIER,

VICAIRE GÉNÉRAL DE BESANÇON,

PRONONCÉE DANS L'ÉGLISE PAROISSIALE DE VERCEL

le 15 avril 1869,

PAR M. L'ABBÉ BESSON.

BESANÇON,

TURBERGUE, LIBRAIRE-ÉDITEUR,

Rue Saint-Vincent, 33.

—

1869.

ORAISON FUNÈBRE DE M. L'ABBÉ BERGIER,

PRONONCÉE DANS L'ÉGLISE PAROISSIALE DE VERCEL LE 15 AVRIL 1869.

Qui bené præsunt presbyteri duplici honore digni habeantur.
Les prêtres qui gouvernent sagement doivent être jugés dignes d'un double honneur. (*1 Tim.*, v, 17.)

J'étais donc destiné à remonter dans cette chaire pour rendre les devoirs funèbres à la mémoire de M. l'abbé Bergier, premier vicaire général de Mgr le Cardinal Archevêque de Besançon et supérieur de la congrégation des Sœurs de la Charité. Il y a six mois à peine, le jour où deux de ses petits-neveux (1) entraient solennellement dans ce sanctuaire, au milieu de la plus imposante assemblée, l'un pour y célébrer le saint sacrifice dans toutes les émotions de son nouveau sacerdoce, l'autre pour y exercer les premières fonctions du sous-diaconat, vos yeux et les miens cherchaient inutilement dans cette enceinte le vénérable dignitaire à qui il eût convenu de présider la fête et d'en recueillir le principal honneur. Nous nous plaignions alors de sa modestie, puisqu'elle nous privait de sa présence, et qu'après avoir amené au pied des tabernacles ces deux nouveaux enfants d'Aaron, il avait voulu s'interdire jusqu'à la joie si légitime de cette première messe. Nous n'osions pas même le louer, malgré son absence, de peur que le faible écho de notre voix ne vînt à contrister cette humilité si profonde, si pleine de délicatesse et d'appréhensions. Hélas! après avoir regretté son absence, nous voilà réduits à pleurer sa mort. C'est la même église, la même famille, le même clergé, le même peuple; c'est le même nom qui est dans tous les cœurs et sur toutes les lèvres; c'est la même voix qui descend de cette chaire. Pourquoi faut-il que nous parlions au milieu

---

(1) MM. Fleury, ordonnés le 6 septembre 1868.

d'un appareil tout différent, et que nous ne devions qu'à la mort la liberté de la louange? Parlons cependant, puisqu'un grand prélat nous le demande, et essayons de satisfaire par ce discours à la reconnaissance publique; mais que toute pensée de faste et d'éclat s'éloigne de notre esprit. C'est ici surtout qu'il convient de faire l'oraison funèbre de M. Bergier, parce que c'est ici qu'on peut mieux le comprendre et l'apprécier. La terre qui lui avait donné le jour a reçu sa dépouille mortelle, et le deuil commencé avec toutes les pompes de l'Eglise métropolitaine, s'achève dans les larmes plus recueillies encore de sa famille, dans les prières encore plus ferventes de sa paroisse natale. Ces honneurs modestes, cette tombe creusée au milieu des champs, ce concours du clergé et du peuple des campagnes, tout nous avertit que M. l'abbé Bergier est rentré avec une douce satisfaction dans la terre de ses aïeux, et que son éloge, comme ses funérailles, ne doit respirer qu'une vénérable simplicité. C'est dans cet esprit qu'il a embrassé le sacerdoce, qu'il l'a édifié par ses exemples et qu'il mérite le double honneur dont parle l'Apôtre : *Qui benè præsunt presbyteri duplici honore digni habeantur.* Oui, il a véritablement mérité un double honneur, et comme prêtre et comme supérieur des sœurs de la charité; comme prêtre, pour avoir gouverné sagement les âmes ; comme supérieur, pour avoir animé de la même sagesse la congrégation commise à ses soins. Telles sont les deux considérations que je propose dans ce discours à votre bienveillante et sympathique attention.

I. Ce n'est pas sans dessein que Dieu, voulant rendre M. Bergier digne de ce double honneur que nous célébrons aujourd'hui, le fit naître et grandir dans le bourg de Vercel. Cette paroisse, qui florissait dès le xve siècle parmi les plus lettrées et les plus chrétiennes du diocèse de Besançon, avait été, de toute antiquité, une de ces terres bénies où le sacerdoce se recrute facilement et où l'on passe, comme sans s'en apercevoir, de l'école de la famille à l'école du prêtre, tant ces deux écoles se ressemblent et tant elles se touchent de près. L'église de Vercel, avec sa familiarité, ses écoles latines, ses fondations, ses usages, offrait non-seulement aux enfants du pays les ressources d'un autel richement doté, mais encore des noms et des exemples dont l'autel n'eut jamais à rougir. Quand M. Bergier vint au monde(1), tout ce glorieux passé allait s'évanouir à jamais dans la tempête révolutionnaire. Sa famille connut, comme la plupart des familles

______
(1) Le 17 novembre 1788.

chrétiennes, les privations et les ennuis de la réclusion ; le premier usage que l'on fit de ses innocentes mains, fut de les employer pour rendre à un oncle chéri des lettres qui trompaient la vigilance des gardes, et la première messe qu'il servit fut celle d'un prêtre que les patriotes croyaient en fuite, mais à qui les fidèles avaient ménagé au milieu d'eux un inviolable asile. Enfant, il rêvait le sacerdoce, pendant que la société civile en proscrivait encore l'habit et le ministère. Mais les temps sont mauvais ; ses parents, qui vivent dans une honnête aisance, n'ont pas d'autre fils ; ne doit-il pas cultiver le champ paternel et fermer les yeux aux pieux auteurs de ses jours ? Il cède au temps, il se conforme aux volontés de sa famille, il se résigne, en apparence, à vivre dans le siècle, il touche à sa vingtième année, et sa destinée semble fixée à jamais. Cependant un secret pressentiment l'avertit qu'il sera prêtre : Dieu n'a pas dit son dernier mot sur cette vocation, dont les épreuves ont à peine commencé.

Avec le bonheur de naître dans une paroisse chrétienne et d'appartenir à une famille pieuse, il n'y en a pas de plus grand que d'avoir pour pasteur un de ces prêtres que le Ciel inspire, et qui devinent en quelque sorte ses volontés suprêmes. Ce fut la ressource de M. Bergier, ce fut la gloire de Vercel après le concordat. Deux paroisses avaient été singulièrement privilégiées dans la distribution faite de l'héritage de la foi entre les prêtres revenus de l'exil ou échappés au bourreau ; Vercel avait obtenu pour curé M. Alix, Villersexel M. Tramus. Nos pères aimaient à comparer ces deux hommes et à faire ressortir leurs mérites si divers, pour ne pas dire si contraires. L'un, modeste, doux, presque timide, était la charité même ; l'autre, vif, ardent, téméraire au besoin, semblait représenter le zèle. M. Alix inclinait à l'indulgence, sans que sa bonté dégénérât en faiblesse ; M. Tramus à la sévérité, sans décourager les tièdes ni rebuter les pécheurs. Tous deux étaient des saints. Le temps n'a rien pu sur leur mémoire, et quand on prononce leur nom en face des autels, l'opinion, si ombrageuse d'ordinaire, surtout dans cette province, si prompte à s'effrayer des excès de la louange, semble toujours nous reprocher de n'avoir pas demandé pour eux assez de souvenirs et d'honneurs. Paroisse vraiment heureuse d'avoir possédé M. Alix ! A lui l'honneur d'avoir formé un peuple si fidèle, si pieux, si ami de la règle, que les cabarets, loin d'offrir l'exemple du scandale, étaient tous, sans exception, un commentaire vivant des lois de l'Eglise, et que les marchés publics, sources ordinaires de tant d'abus, devenaient des spectacles d'édification pour toute la contrée. A lui le mérite d'avoir formé son successeur, qui a su maintenir ces traditions et qui les a léguées tout entières à votre pasteur bien-aimé, dont elles font la joie et dont elles stimulent le zèle. A lui surtout l'initiative de ces vocations ecclésiastiques qu'il a su pressentir et développer au milieu des difficultés de l'Eglise renaissante, et dont nous recueillons aujourd'hui le fruit le plus glorieux. Il témoigna un paternel intérêt à ce paysan de vingt ans qui soupirait après les autels et attendait encore l'appel du Seigneur pour quitter la charrue domestique. Une petite école latine venait de se former à Etray, sous la direction du curé de l'endroit, M. Devillers; c'est là que M. Bergier reprend en mains ce rudiment, bien plus rebutant encore pour la jeunesse que pour l'enfance, et bien fait pour éprouver une vocation. Mais la vocation était solide, et la grâce, cette excellente ouvrière, fit en deux ans l'œuvre de dix. La capacité naturelle et les progrès rapides de l'étudiant justifièrent les espérances du vénérable curé de Vercel et triomphèrent des dernières résistances de la famille. M. Bergier quitte Etray pour Besançon et prélude à l'étude de la science sacrée par les thèses philosophiques les plus brillantes. Il est le premier sur la liste des prix; il l'est aussi dans l'estime de ses contemporains. Le séminaire s'ouvre devant lui sous les meilleurs auspices; il dépouille les vêtements du siècle, il reçoit, avec la tonsure, le vêtement de la milice cléricale, et l'église de Besançon le compte parmi les plus belles espérances du sanctuaire.

Ses vœux les plus ardents vont donc s'accomplir. Non, après tant d'épreuves et de délais, voici l'épreuve plus cruelle encore d'une longue maladie. Pendant sept ans de suite le jeune lévite apparaissait, chaque semestre, quelques jours seulement, dans cette salle de théologie où son nom aurait été proclamé sans contredit avec ceux des Gaume, des Gousset, des Doney, des Gerbet, si célèbres aujourd'hui dans les fastes de l'Eglise, si distingués déjà dans les concours à jamais regrettables de l'école de Besançon. On le voyait, traînant le long des rues l'ombre chétive d'un corps affaibli et faisant d'héroïques efforts pour aller du séminaire à l'église ou de l'église au séminaire; puis, ses forces épuisées et trahies, il lui fallait reprendre le chemin de ses montagnes et chercher dans cet air pur quelque remède à ses souffrances. Enfin, quand l'air natal avait ranimé en lui un peu de vie, il demandait une distraction à des études moins sévères et il enseignait aux jeunes gens de la paroisse le latin qu'il avait appris lui-même en si peu de temps.

Que ces délais paraissaient longs à sa vocation! Ils auraient découragé un esprit moins ferme et un cœur moins fidèle; mais le jeune lévite était de cette race comtoise chez qui l'obstination et la tenacité sont proverbiales et qui ne renonce jamais à ses entreprises. Malheureuses natures quand elles s'obstinent au mal et à l'erreur ! elles iront d'erreur en erreur, plutôt que d'en démordre, jusqu'à l'oubli de toute vérité et de toute justice, jusqu'à l'athéisme. Mais aussi que ne font-elles pas, ces volontés indomptables, quand elles se tournent au bien et qu'il plaît à Dieu de s'en servir ! Ne vous laissez pas tromper par de vaines apparences : elles durent, elles persévèrent, elles s'enracinent chaque jour davantage ; elles parlent peu, elles s'exaltent encore moins ; on croit qu'il y a indifférence et froideur ; oui, mais c'est la froideur qui prend patience, c'est l'indifférence à qui le temps n'est rien, pourvu que l'espérance vive et que le but soit atteint. Tel fut M. Bergier pendant les épreuves de sa cléricature, tel il demeura toute sa vie. Il avait trente ans quand il reçut les ordres sacrés (1) ; un an après, il fut revêtu, presque en même temps, du diaconat (2) et de la prêtrise (3), car l'illustre pontife qui le consacra, M. de Pressigny, dont la mémoire est si grande encore dans l'Eglise de Besançon, avait voulu, en abrégeant pour lui les interstices des saints ordres, donner plus tôt au ministère des âmes ce prêtre choisi, dont la maladie avait si longtemps paralysé la généreuse ardeur. Les jeunes ordinands le vénéraient déjà comme un ancien et l'écoutaient comme un oracle. La cérémonie achevée, il se tournèrent vers lui, comme s'ils eussent attendu de sa bouche quelque parole d'édification ; leur espérance ne fut pas trompée : « Soyons fermes dans le devoir ! » leur dit-il avec l'autorité qui n'appartient qu'à l'expérience. On pouvait lui appliquer ce que saint Grégoire de Nazianze a écrit de saint Basile : « Il était prêtre avant même que d'être prêtre (4). » Oui, prêtre par la gravité de ses mœurs, par l'innocence de sa vie, par l'ardeur de son zèle. Il avait prévenu son ordination à force de vertus, et il possédait la perfection du sacerdoce avant d'en avoir reçu le caractère.

Qu'il aille maintenant où Dieu l'appelle, avec cet esprit si mûr et ces qualités si solides, le succès de son divin ministère est partout assuré. C'est la ville de Jussey qui profite de ses débuts et qui, dans moins d'un an, est toute remplie de sa précoce sagesse. Il achevait de se former sous les yeux d'un vénérable confesseur de la foi, son proche parent, l'ami et le contemporain de toute la génération au milieu de laquelle

---

(1) Le 6 mai 1818.
(2) Le 2 juillet 1819.
(3) Le 4 juillet 1819.
(4) S. Grég. Naz., *Orat.* xxi.

cette sagesse s'était enracinée dans ses mœurs. Nommer M. l'abbé Pergaud, c'est nommer M. Bergier. Le peuple de Jussey ne sépare pas plus ces deux noms dans sa reconnaissance que dans ses souvenirs, et c'est à vous, c'est à cette terre excellente de Vercel qu'elle reconnaît d'avoir dû le bonheur de posséder tout à la fois le plus sage des vicaires et le plus aimable des curés.

M. Bergier s'estima heureux de vivre encore sous cette douce et noble tutelle, quand l'autorité ecclésiastique lui donna sa première paroisse. Je voudrais vous le peindre au milieu de ces bons habitants de Cemboing, qui ont fait, comme il le disait lui-même, les délices de sa vie. Il aimait à rappeler les jours tranquilles et ignorés de ce ministère visiblement béni du Ciel, ses loisirs studieux au fond d'un presbytère de campagne, ses promenades mêlées de lectures et de prières, cette hospitalité simple et cordiale qu'il donnait et qu'il recevait tour à tour, cette paisible et complète jouissance de lui-même et de son peuple sous le regard de Dieu, dans un commun effort pour se sanctifier en sanctifiant les autres. Sa plus chère ambition était de vivre et de mourir au milieu de ce troupeau, sensible à ses soins et docile à sa voix ; cette ambition fut cruellement déçue quand, après cinq ans du plus humble ministère, son évêque l'appela à gouverner la paroisse de Lure (1). L'évêque commande, il faut obéir ; mais ses paroissiens sont en larmes, il faut les quitter à la dérobée pour obéir jusqu'au bout.

Tous ceux qui connaissent l'histoire ecclésiastique de notre siècle savent combien l'héritage d'un prêtre constitutionnel était difficile à recueillir et à cultiver. La plupart des fauteurs du schisme se recommandaient par des qualités morales et des vertus humaines qui les avaient rendus populaires malgré leurs erreurs. Nombre d'entre eux étaient plus dignes encore d'indulgence que de blâme, à cause des circonstances dans lesquelles un fatal serment avait été demandé à leur conscience mal éclairée plutôt que coupable. Enfin, la rétractation imposée plus tard aux derniers demeurants de ce schisme malheureux avait passé, aux yeux des hommes prévenus, pour une sorte de persécution. L'opinion publique s'égare aisément, surtout en matière religieuse, dans un siècle où la religion est si peu connue. Elle s'acharna presque partout contre les successeurs des prêtres constitutionnels, cherchant querelle à leur jeunesse, s'indignant de leur zèle, tournant en ridicule les œuvres entreprises par leur piété. Il fallait des miracles de patience et de sagesse pour

(1) Le 29 mai 1826.

dissiper tant de préjugés, éclairer tant d'ignorance, observer la charité
sans trahir la foi et se faire pardonner, pour ainsi dire, son attachement
à l'Eglise. Ce fut l'honneur de M. Bergier d'avoir compris, tout jeune
qu'il était encore, les difficultés de cette tâche pastorale et d'y avoir réussi
au delà de toute espérance. Il était de ceux à qui le divin Maître a promis
de posséder la terre, c'est-à-dire les cœurs de leurs semblables ici-bas,
parce qu'ils sont doux : *Beati mites, quoniam ipsi possidebunt terram*. Cette
douceur était peinte dans toute sa personne, elle donnait à sa voix une
onction particulière, elle animait toutes ses démarches, elle éclatait
dans toutes ses relations. Le peuple de Lure, en qui la vivacité du caractère est heureusement tempérée par la générosité des sentiments, n'hé-
sita pas longtemps à vouer à un tel pasteur et son estime et son affectueuse reconnaissance. Pouvait-il se plaindre que son curé eût à peine
six ans de prêtrise ? Ce curé montrait la sagesse d'un vieillard, l'humilité
d'un saint, la pureté d'un ange. On ne le rencontre guère qu'au presbytère
ou à l'église, dans l'étude ou dans la prière, un livre ou un chapelet à la
main. S'il s'assied quelquefois à la table du riche, c'est pour y porter
l'édification de tous et le respect de lui-même ; s'il visite chaque jour
les pauvres et les malades, c'est pour leur donner, avec la parole qui
soulage et qui éclaire l'âme, le pain, les vêtements, les remèdes, qui sont
nécessaires au corps. Quand le froid devient plus rigoureux et le pain
plus cher, il transforme une partie du presbytère en hôpital et il y sert
lui-même les pauvres abandonnés. Ce n'est pas tout, lui-même va les
chercher quand ils hésitent à venir ; il est pasteur, il est père, il est
mère : c'est une sœur de charité. Une vie si modeste et si dévouée n'était
un secret pour personne, seul le curé de Lure semblait en ignorer le mérite,
et plus il avançait dans la perfection du devoir, plus cette perfection lui
semblait facile, naturelle, indigne de tout éloge et de toute récompense.

Dieu le récompensa cependant, selon la promesse qu'il a faite dans
ses béatitudes : *Beati mites, quoniam ipsi possidebunt terram*, en lui lais-
sant voir, au milieu des orages de 1830, jusqu'à quel degré il avait
gagné tous les cœurs. Dans ces tristes jours, si fertiles en représailles
contre le clergé, où l'on voulait lui faire expier la domination imaginaire qu'on lui reprochait depuis quinze ans, quand les bruits les plus
absurdes le représentaient tantôt les armes à la main au milieu des bois,
tantôt complotant sur la frontière avec l'étranger ou méditant au fond des
presbytères la trahison de la patrie, il fallait une popularité plus qu'ordinaire pour vaincre ces injurieux soupçons et une prudence consommée
pour en dissiper les premiers bruits. Le curé de Lure échappa non-seu-

lement à la malveillance, mais à la prévention , tant il fut modéré, sage et discret, tant il était impossible de voir en lui autre chose que le ministre de l'Evangile. Il couvrit, sans s'en douter, et surtout sans y prétendre, comme de son propre manteau, le pontife éminent qui gouvernait alors le diocèse et qui, après avoir vu toutes les faveurs de la naissance et de la fortune accumulées sur sa tête, acheva sa vie méconnu d'une partie de son peuple, mais en accablant de bienfaits les enfants égarés qui l'avaient comblé d'outrages. Disons à l'honneur de la ville de Lure qu'elle n'eut pour le cardinal de Rohan que des respects, des hommages et des triomphes. Le prélat s'y arrêtait volontiers comme au milieu de la portion chérie de son troupeau, il y prêcha les exercices d'un jubilé avec le charme et l'onction qui caractérisaient sa noble parole, il y sollicita et il y obtint la confiance des âmes, il y goûta toutes les consolations et toutes les joies qu'ambitionnait son cœur paternel. C'était dès lors un de ses desseins d'attacher à sa personne et à son administration le prêtre dont il avait reconnu et apprécié le mérite, aux fruits abondants que portait son ministère. La mort prévient ce dessein, mais l'exécution en est à peine ajournée. Dieu, dans sa miséricorde, nous réservait un autre prélat pour le faire asseoir sur notre siége métropolitain ébranlé par l'orage, le revêtir de la même pourpre et lui donner d'exécuter, dans un épiscopat dont la gloire dépassera encore la durée, tous les grands desseins du cardinal de Rohan. A peine installé, M⁹ʳ Mathieu devine , ce semble , la pensée de son prédécesseur et appelle M. l'abbé Bergier dans ses conseils (1). Le curé de Lure y prenait la place du théologien le plus populaire de notre siècle, de ce célèbre prince de l'Eglise qui, ayant exercé les fonctions de vicaire, vingt ans auparavant, dans la modeste cité où l'on venait de lui choisir un successeur, devait achever sa vie sur le siége de saint Remi, avec tout l'éclat d'une renommée européenne et sans cesser d'être le meilleur et le plus simple des hommes. M⁹ʳ Gousset n'hésitait pas à rendre témoignage à M. Bergier dans cette circonstance solennelle. Il disait de lui : « C'est un saint qui me remplace, mais un saint qui est savant. » Agréez, ô saint prêtre, du fond de votre tombe, cet hommage que vous auriez refusé de recevoir de votre vivant. Laissez votre cœur, tout poudre qu'il est, se réveiller au nom du grand théologien qui avait regretté de n'avoir pu être votre émule sur les bancs de l'école, et qui, élevé au comble des honneurs, s'honorait encore de demeurer votre ami.

(1) Le 30 mai 1836.

Qu'il vienne maintenant s'asseoir dans les conseils de son archevêque, ce prêtre loué par un juge si compétent et pour sa science et pour sa piété. Il prendra rang dans notre métropole à côté de ces hommes déjà marqués pour le gouvernement des plus belles églises de France, et quand il verra sortir de ces places si voisines de la sienne, les évêques de Nîmes, de Montauban, de Saint-Dié et de Langres, oubliant qu'il a été leur supérieur ou leur égal et qu'il a reçu cent fois des marques de leur déférence respectueuse, il se réjouira plus que personne de leur élévation, et les hommages qui toucheront le plus leur noble cœur, seront ceux de sa parfaite humilité. Sa destinée était de demeurer à la seconde place dans l'antique Eglise de Besançon. Il la trouva toujours trop belle pour sa vertu, trop haute pour son mérite. Digne de foi dans tout le reste, c'est quand il parle de lui-même qu'il faut appeler de son jugement. Son archevêque, dont le jugement est une règle toujours sûre, le proclame « un confident discret, un bon et fidèle ami, un ouvrier infatigable, une grande âme, un cœur d'or. » Faut-il présider les examens des jeunes clercs, qui marquent, à chaque semestre, la sortie du séminaire, ou apprécier avant chaque ordination la capacité des aspirants aux saints ordres, c'est lui qui reçoit cette haute mission et qui en supporte, malgré son âge, pendant trente-deux ans, toute la fatigue et toute la responsabilité. Faut-il défendre dans les conseils des deux départements, ou débattre avec les autorités municipales, tantôt les intérêts bien entendus de l'enseignement primaire, tantôt ceux des établissements de bienfaisance, il ne reculera ni devant les voyages multipliés, ni devant les démarches délicates qui peuvent assoupir une difficulté naissante, ni devant les fermes et généreuses déclarations qui maintiennent, au besoin, la force du droit contre le droit de la force. La rectitude de son jugement, sa prudence consommée, sa connaissance profonde des hommes et des choses, son habileté à saisir une affaire dans son ensemble et dans ses détails avec tous ses rapports et toutes ses conséquences, faisaient de lui, comme l'a remarqué le prélat qui lui donna toute sa confiance, un homme très propre au gouvernement. Mais son humilité était plus admirable encore. Qu'importe qu'une entreprise ait été décidée contre son avis ? Il s'y applique avec ardeur, il la suit avec persévérance, il l'accomplit, en dépit de lui-même, avec la parfaite fidélité d'un mandataire, heureux de s'être trompé si elle réussit, malheureux d'avoir dit vrai et d'avoir vu juste si elle échoue, car il n'y a que les esprits médiocres et les cœurs étroits qui triomphent des erreurs d'autrui en publiant ce qu'ils ont fait pour les prévenir.

Vous dirai-je maintenant les diversions agréables et les saints loisirs de cette vie laborieuse? Je ne nommerai que des charges, mais ces charges étaient pour lui de nobles plaisirs. C'était la visite annuelle des hospitalières de Gray, la direction de l'hospice Bourdault à Vesoul, et à Besançon l'œuvre si utile et si populaire des mères chrétiennes. Il trouvait son repos à présider ces retraites qui renouvellent les généreuses servantes des pauvres dans les sentiments et dans l'esprit de leur vocation, sa joie et ses délices dans les réunions mensuelles des mères chrétiennes, groupées autour de ses cheveux blancs avec l'attitude recueillie que le respect commande, et souriant avec un agréable abandon aux paraboles ingénieuses, aux détails familiers, aux traits pleins d'agrément dont il semait ses discours. C'était l'intérêt tout particulier qu'il prenait à l'œuvre des pays mixtes, si généreusement entreprise, si magnifiquement continuée, si près d'être achevée, à la gloire de Dieu et à la satisfaction du saint-siége. Il avait adopté, parmi ces paroisses de création nouvelle, celle de Dampierre-les-Bois, et il en fut la providence visible, fondant les écoles, élevant le presbytère, revêtant des plus riches ornements le sanctuaire et le tabernacle, épuisant ses dernières ressources, et répondant à ceux qui s'en étonnaient : « Que voulez-vous! c'est le ménage du bon Dieu, il coûte un peu cher, mais rien ne doit y manquer. » C'était enfin une correspondance active, suivie, pleine d'édification, avec ses anciens paroissiens, avec sa famille, avec ses amis. Il n'avait oublié, après trente ans, ni Jussey, ni Cemboing, ni Lure; il n'était sorte de services qu'il ne fût prêt à rendre aux vieilles connaissances de sa jeunesse sacerdotale; il n'y avait point de famille chrétienne dont il n'eût retenu le nom, et dont il n'embrassât au besoin les intérêts avec la jalousie du berger qui aime et qui défend ses brebis. Mais son temps, sa vie, ses lettres, ses prières, étaient surtout pour les âmes égarées. Comme il s'estimait heureux de rendre la lumière et la paix à ces âmes si longtemps rebelles et toujours malheureuses dont il n'avait cessé de demander la conversion ! L'image de M. Bergier était restée comme celle du bon pasteur, au fond de leurs cœurs; ils n'avaient pu l'en bannir; ni le temps, ni l'éloignement n'en avaient altéré les traits; ils avaient beau se débattre, s'étourdir, ajourner, délibérer encore, leur ancien curé priait toujours, il était toujours comme à la porte de leur cœur, pressant, exhortant, renouvelant ses instances avec cette persévérance si entêtée, mais si tendre et si affectueuse, qui était le propre de son caractère. Un jour vint où il fallut se rendre, et ces hommes qui avaient paru de bronze ou de roc se sont fendus sous le coup de la grâce sollicitée par le saint prêtre, comme sous le coup de la foudre mêlée d'une rosée céleste. Que leur confession était complète ! que leurs larmes étaient sincères ! qu'il y avait de charme et de profit à lire les lettres tracées par leur plume reconnaissante ! C'est là tout ce qu'il nous a été permis d'apprendre, tout ce qu'il nous est permis de redire devant ces autels. Les noms de ces fils prodigues, attendus et réconciliés par un si bon père, appartiennent aujourd'hui, comme le sien, au livre de vie, la fête de leur conversion est devenue la joie du ciel, et les anges rendent avec eux un éternel hommage au prêtre qui a sagement gouverné les âmes : *Qui benè præsunt presbyteri duplice honore digni habeantur*. Achevons de justifier ce texte en montrant comment M. Bergier mérite la même louange pour avoir animé de cette sagesse la congrégation religieuse dont il était le supérieur.

II. Personne n'ignore comment, du milieu même de l'exil et de la persécution, naquit à la fin du siècle dernier, la congrégation des Sœurs de la Charité. Une femme d'un grand cœur, d'un caractère ferme et d'une parole entraînante, qui avait pris le voile à Paris, dans la maison de Saint-Vincent de Paul, sœur Antide Thouret, quitta le Landeron en 1799 avec le dessein de fonder à Besançon une communauté vouée à l'instruction des filles et au soulagement des malades. Elle s'était mise sous la direction de M. l'abbé Bacoffe, qui, sortant de l'exil au péril de sa vie, venait exercer dans sa ville natale le ministère des âmes, encore réduit au secret des oratoires domestiques. Quand le concordat eut fait rouvrir les hospices et les écoles avec les églises, la congrégation naissante renonça aux vêtements du siècle et pratiqua, sous l'humble costume qu'elle porte encore aujourd'hui, la règle à la fois austère, simple et féconde, que les circonstances autant que les hommes lui avaient imposée. Je ne vous citerai ni les Babey, ni les Baud, ni les Rivière, ni les Chaffoy, qui travaillèrent successivement à l'avancement spirituel de la communauté. Après avoir été conduite par des mains si habiles, elle reçut de M. Cart une impulsion nouvelle et s'anima, dans ses rapides accroissements, de cet esprit de douceur, de simplicité, de ferveur et de zèle, qui remplissait ce jeune et célèbre directeur des âmes, destiné à devenir plus tard, sur le siége de Nîmes, un des modèles de l'épiscopat. Vingt-six maisons fondées en huit ans, le noviciat établi, les études florissantes, le nombre des religieuses porté à trois cents, voilà les fruits que cet illustre prélat laissait dans la congrégation des Sœurs de la Charité, voilà l'héritage qu'il fut donné à M. Bergier d'agrandir encore.

Regardez-la maintenant, après trente-deux ans d'une culture assidue, cette petite plante devenue un grand arbre, dont les rameaux couvrent la Franche-Comté et s'étendent jusqu'à l'Alsace et à la Bourgogne. Notre congrégation compte aujourd'hui plus de onze cents religieuses, et deux cent quarante-deux établissements, hospices, écoles, ouvroirs, salles d'asile, vivent et prospèrent sous ses lois. Au centre, une maison principale qui gouverne toutes les autres et qui en rassemble, aux jours marqués, les nombreux essaims, comme les abeilles dans leur ruche. C'est là que les jeunes novices se forment à la vie religieuse ; là que les sœurs de tout âge reviennent, presque chaque année, méditer sur la perfection de leur état, reconnaître leurs erreurs, corriger leurs défauts et renouveler le sacrifice d'une vocation toujours nouvelle, dans des vœux auxquels l'Eglise n'assigne un terme que pour en éprouver la liberté et en consolider la résolution ; là que de vénérables mères, longtemps connues par leur intelligence et leur dévouement dans les hospices de nos villes, viennent reposer leurs membres affaiblis et faire oublier au monde, dans la retraite préparée à leur vieillesse, leur nom et leurs services. Quand la peste éclate et que la contagion envahit la province, sur un signe de l'autorité centrale, cinq cents religieuses demandent à voler au chevet des malades ; les unes l'obtiennent, les autres envient leur sort, chacune d'elles espère que son tour viendra et qu'il lui sera donné d'offrir sa vie en sacrifice. Dieu n'a point refusé ce sang généreux ; elles sont tombées, à côté de nos prêtres et de nos médecins, ces modestes héroïnes dont le choléra a fait voir tout le mérite. Dole, Gy, Gray, Pesmes, Vesoul, les lieux les plus désolés par ce cruel fléau, bénissent encore leur mémoire et les proclament, c'est tout dire, de vraies filles de saint Vincent de Paul.

Jugez l'arbre à ses fruits, jugez par l'arbre et par ses fruits de l'infatigable ardeur de celui qui a défriché, semé, cultivé cette terre bénie. Que de sueurs fécondes dans ses prières ! que de lumière dans ses exemples ! que d'onction et de grâces dans ses discours et dans ses écrits !

Il priait à la manière des saints, faisant de sa vie une prière continuelle, et traitant par la prière toutes les affaires temporelles et spirituelles de sa congrégation. Les hommes se sont plaints quelquefois peut-être de la douce obstination de sa volonté et des tendres importunités avec lesquelles il finissait par leur arracher un consentement. C'est ainsi qu'il s'adressait à Dieu et qu'il savait lui faire violence ; mais Dieu ne s'étonne pas, comme les hommes, de tant de persévérance, il l'attend, il l'éprouve, il l'encourage, il la récompense. Auprès de lui c'est la prière qui demande, mais c'est la persévérance qui obtient. A ceux qui s'imaginent que la prière empêche d'agir, j'opposerai l'exemple de cet homme de prière ; à ceux qui se persuadent qu'il suffit de prier, j'opposerai l'exemple de cet homme d'action.

Toujours debout, toujours au travail, il personnifiait par ses exemples la vie qui n'accorde rien à la nature que le strict nécessaire, la vie pour qui le sommeil ne commence qu'en devenant un besoin impérieux et pour qui les repas cessent dès qu'ils ont cessé de l'être. Sainte indifférence aux aises et aux commodités de ce monde, mortification continuelle, oubli de soi-même, ce fut là tout M. Bergier ; ce doit être là toute sa congrégation. Ne vous épargnez point, ô pieuses filles, pour vous former sur ce touchant modèle. Domptez, à son exemple, cette délicatesse des sens et de la nature qui peut reparaître même jusque sous le voile. Ne vous rassurez pas, pour la prévenir, sur les habitudes que vous auriez contractées dans la rude école des mœurs champêtres. Il est d'expérience qu'elle se glisse aujourd'hui bien plus facilement encore dans les classes laborieuses que dans les classes élevées, et que ce n'est pas aux membres les plus tendres qu'il en coûte le plus de coucher sur la dure. Armez-vous de rigueur contre vous-mêmes, sauvez-vous à tout prix de la vie molle, par où toute discipline chancelle et toute communauté s'affaiblit. Je ne cesserai de vous montrer votre père et de vous dire en vous citant ses exemples : qu'une sainte honte s'empare de vous, si vous deveniez des membres efféminés et délicats sous un chef couronné d'épines : *Pudeat sub capite spinis coronato membrum fieri delicatum.*

Comme il sied bien au prêtre qui donne de tels exemples d'ouvrir la bouche pour publier l'Evangile du Seigneur et de tenir la plume pour la commenter ! La parole de M. Bergier coulait comme de source et de ses lèvres et de sa plume, surtout quand elle s'adressait à la congrégation dont il était le père et le pasteur. Sa simplicité ne nuisait point à son élévation ; elle avait toute la solidité de doctrine qu'on pouvait attendre d'un tel théologien, tout l'ordre et toute la suite qui vient d'une méditation bien faite, toute la fécondité et toute l'abondance que donne la tendresse paternelle. Ne lui reprochez pas ses longueurs, ce sont comme les thèmes variés de cette tendresse qui, après avoir tout dit, sent qu'elle a encore quelque chose à dire ; ce sont d'heureuses réminiscences de saint Bernard ou de saint François de Sales appliquées à ses chères filles ; c'est un trait de finesse ou d'amabilité qu'il s'attarde à raconter, non sans quelque précaution ou quelques détours, pour mêler des charmes aux matières les plus arides, expliquer les plus difficiles, ou parer de fleurs le chemin de la perfection. L'abondance de ses discours n'a rien d'égal que celle de ses lettres. Il provoque toutes les confidences, il lit, comme s'il était assis au saint tribunal, ces longues confessions des âmes qui se plaignent de leur sécheresse, de leurs distractions, de leurs scrupules; il écoute sans ennui les longs récits des moindres affaires, et comme pour se mettre à la portée de tout le monde, au lieu de trancher d'un mot la question, il la traite et il l'expose avec tous ses détails, répondant ainsi à la confiance comme la confiance veut qu'on lui réponde, et rendant, ligne pour ligne et lettre pour lettre, toutes les marques d'affectueuse tendresse qui éclatent dans cette correspondance si paternelle.

C'est pour obéir à son évêque, c'est pour être utile à ses chères filles, qu'à l'âge de soixante et dix ans M. Bergier se fait écrivain et commence à livrer à l'impression ses conseils de direction spirituelle. Tels étaient les saints abbés et les plus illustres religieux du moyen âge. Ils ne composaient leurs traités que dans leur vieillesse, et par l'ordre exprès de leurs supérieurs ; ils ne prenaient la plume qu'après avoir usé dans la prédication leur poitrine et leur voix, et ils continuaient ainsi à semer le pain de la parole. Les livres de notre onctueux et fécond supérieur se succèdent d'année en année. Le temps presse, il veut rappeler d'abord sa pensée la plus chère, qui est comme l'abrégé de tous les mystères, de tous les devoirs et de toutes les vertus, en écrivant un volume tout entier sous ce titre : *Dieu est charité*. Il passe ensuite de la théorie à la pratique et compose les *Réflexions sur les règles*, pour rendre la communauté plus jalouse de sa propre perfection. Le *Directoire des Sœurs servantes* s'adresse à toutes celles qui participent au gouvernement ; le livre *Des vœux*, à toutes celles qui embrasent la vie religieuse ; l'*Examen de conscience* comprend l'indication de toutes les fautes qui peuvent se trouver dans chaque emploi et diminuer chaque jour le mérite des bonnes œuvres. Mais il n'avait pas échappé à cet habile maître que le fondement de toutes les vertus est dans l'humilité, et que si ce fondement venait à être ébranlé, tout le reste tomberait par terre. Il savait que plus une communauté est florissante, plus il faut qu'elle devienne humble et détachée, et il songeait moins à admirer la couronne de l'édifice qu'à en affermir la base. Il préparait donc un traité sur l'humilité nécessaire aux religieuses, et jamais sujet n'avait mieux convenu à son caractère et à ses habitudes. Que vous dirai-je que ses exemples ne vous aient dit et répété avec tant d'instance? O pieuses filles, enfants de sa dilection et de son amour, écoutez donc sa dernière leçon. Vous la lirez en faisant sur vous-même un sévère retour, vous vous promettrez de n'ambitionner pour votre congrégation ni avantages temporels, ni distinctions mondaines, ni éloges flatteurs; vous chercherez partout la dernière place, vous aimerez par-dessus tout les derniers emplois. Il n'y a de bonne religieuse que celle dont on peut dire que rien n'est ni au-dessus ni au-dessous d'elle ; il n'y a de vraie servante des pauvres que celle qui les sert elle-même de ses mains et qui abdique, qui foule, qui brise, qui anéantit la vaine complaisance en soi-même et le soin puéril d'une dignité imaginaire dans ce réel et glorieux service.

Quand ce bon père traçait de sa main tremblante ces derniers conseils, il achevait de dénouer les derniers liens qui l'attachaient à la terre, et, se débarrassant des restes de son patrimoine par ses générosités, comme il se débarrassait de son corps par les mortifications et les pénitences, il finissait de se ruiner en consacrant à Dieu, à l'Eglise, aux pauvres, les dernières épargnes de sa vieillesse. Vous dirai-je qu'il a voulu pourvoir à l'éducation de ses concitoyens et que, grâce à ses bienfaits, il sera donné aux enfants de sa paroisse natale d'étudier et de suivre leur vocation ecclésiastique ? Vous citerai-je les fondations pieuses faites dans cette église avec une libéralité presque sans limites ? Vous montrerai-je ces verrières magnifiques dont il a décoré ce sanctuaire ? Ces œuvres vous sont connues maintenant, et vous en avez béni l'auteur. Mais pourquoi ne pas révéler ici le dernier trait de ses aumônes secrètes, que sa gauche n'a jamais trahies, pendant que sa droite les prodiguait de toutes parts ? A la nouvelle de l'incendie de Flangebouche, son cœur est profondément remué par une paternelle pitié ; les enfants des écoles manquaient de pain aussi bien que d'asile ; il ne veut laisser à personne le soin de les nourrir : il assure d'abord leur subsistance pendant trois mois, il continue ses bienfaits au-delà d'un terme déjà si long, puis, quand il pense que la mort approche, il dispose tout pour que l'œuvre dure jusqu'à la saison des récoltes, ne voulant pas que sa mort change rien à la condition de ces cinquante enfants qu'il a sauvés de la faim. Est-ce les effets d'une munificence princière ou les aumônes d'un simple particulier que nous venons de raconter ? Pour lui, ce sont les préparatifs du dernier voyage ; il ressemble à l'athlète qui, sentant venir l'heure du combat, quitte ses derniers vêtements et descend dans l'arène avec le dépouillement parfait qui fera sa vigueur, son salut et sa gloire.

Depuis longtemps M. Bergier avait le pressentiment de sa fin prochaine ; il en parlait comme d'une chose convenue avec la mort, et ne cessait de demander à Dieu la grâce de mourir saintement. Ce n'est pas assez, il veut associer à ce désir sa chère communauté. « La chose presse, écrit-il, car j'ai quatre-vingts ans. Priez pour que je fasse une bonne mort, je vous promets de n'être pas ingrat. Souvent on rencontre sur la terre l'ingratitude, mais au ciel il n'y a plus que charité. » Les fêtes de Noël étaient arrivées. Il rassemble ses forces et son courage pour les célébrer, dans la nuit même, au milieu de ses filles ; sa voix affaiblie put à peine achever le chant de la généalogie, auquel sa foi avait un goût tout particulier ; sa marche chancelante s'appuyait à l'autel, pendant les trois messes, avec un effort plus marqué, et cependant il assiste pendant le jour à tous les offices de la métropole et y paraît à la droite de son archevêque, le front courbé sous le poids de la méditation bien plus que de l'âge et de la fatigue. C'est le lendemain que le clergé de la métropole et le peuple de la cité vont vénérer dans l'église de Saint-Etienne la mémoire du premier martyr, et retrouver dans un sanctuaire moderne, décoré avec autant de richesse que de goût, l'image de la cathédrale qui était dédiée à notre premier patron. M. Bergier veut faire encore une fois ce pèlerinage si intéressant pour sa piété. Ne songez pas à l'en détourner, il a pris ses mesures et calculé les forces qui lui restent ; il s'essaie, les jours précédents, à cette lutte suprême contre la maladie et la vieillesse, il monte, le chapelet à la main, les rampes de la citadelle, en demandant à la sainte Vierge de le soutenir dans son dessein ; il arrive au sommet, il est heureux, car il lui semble qu'il pourra encore, au jour marqué, tenter l'entreprise, « après quoi la sainte Vierge, dit-il, fera de lui ce qu'elle voudra. » Et on l'a vu, ce diacre fidèle, gravir processionnellement, à côté de son pontife, le chemin de la sainte montagne, et soutenir de ses mains tremblantes la relique insigne avec laquelle le prélat bénissait la foule agenouillée sur son passage. Ce spectacle émut la ville entière, il y eut comme une vive et profonde émotion, avec la crainte, hélas ! trop légitime, que le vénérable archidiacre eût paru pour la dernière fois dans nos saintes solennités. Au retour de la procession, il faut céder au mal et se condamner au repos. Deux fois cependant il quitte encore son lit, l'une pour se mettre à la tête du chapitre et aller porter au cardinal, la veille du nouvel an, les vœux de son clergé et de son peuple, l'autre pour retourner dans sa chère communauté et y célébrer la sainte messe dans la fête du saint nom de Jésus. « C'est la fin, je m'en vais, » dit-il en jetant un regard d'adieu sur cette chapelle qu'il ne devait plus revoir, et la voiture qui le ramène dans sa demeure semble déjà comme un char funèbre à ses religieuses, dont les yeux se mouillent de larmes en le voyant s'éloigner d'elles.

Venez maintenant, saintes filles, prenez place autour de son lit de douleur, venez apprendre à mourir. Celui que vous appelez du doux nom de père va vous donner, par ses exemples, toutes les leçons de la maladie chrétienne, de l'agonie édifiante et de la bonne mort. Loin de repousser les médecins , il se soumet scrupuleusement à leurs ordres et il fait de cette obéissance comme une des vertus de son état. Mais s'il faut qu'il se résigne à recevoir tous les secours de l'art, il sait mieux que personne combien ces secours sont inutiles. Les choses de la terre étaient déjà passées pour lui, il sortait par avance du temps et du changement, il entrait dans son éternité. S'il donne encore un regard au monde, c'est pour régler, avec une netteté admirable et une parfaite présence d'esprit, les dernières affaires de sa congrégation, c'est pour quitter ce monde plus légèrement, en achevant de se dépouiller, de son vivant même, des derniers biens qu'il possédait. Ce règlement à peine achevé, il cesse presque de parler, et, les yeux tournés vers le ciel, il passe les six dernières semaines de sa vie comme dans le vestibule silencieux de son éternelle demeure. Aux personnes qui l'approchent, il ne répond que d'un mot, ou plus souvent encore d'un signe ou d'un geste, rompant ainsi tout commerce avec les créatures en se recueillant chaque jour davantage dans la pensée des jugements et des miséricordes de Dieu. Pas une plainte ne s'échappe de ses lèvres, pas une marque d'impatience ne se trahit sur son visage ; ses regards ne quittent guère l'image du Christ mourant que pour se reposer, avec l'expression d'une confiance filiale, sur l'image de Marie immaculée ; il adore le Fils, il vénère la Mère ; on devine plutôt qu'on n'entend ses actes de foi, de résignation et d'amour ; et, à mesure que ses yeux s'éteignent et que ses bras s'affaissent, il redouble et d'amour et de foi pour offrir à Jésus, par l'intercession de Marie, les restes de ce corps à délivrer de ses liens , les derniers soupirs de cette âme à animer de la céleste ardeur.

Mais comment vous rendre l'expression de piété qui anima son visage, ses lèvres, sa voix, le jour où il reçut les derniers sacrements ! Il se lève sur son séant, il découvre sa tête, il salue du plus tendre regard l'hôte divin de sa maison, il offre aux onctions saintes ses membres que tant de mortifications avaient depuis longtemps familiarisés avec la mort, et où le péché n'avait, ce semble, plus laissé de traces ; il prête une oreille attentive aux paternelles exhortations du prélat qui lui apporte les divins secours, et il témoigne, par des signes non équivoques de son attendrissement, combien il goûte tout ce que lui demande une voix si pleine d'autorité, pour l'Eglise, pour le Saint-Père, pour le chapitre de la métropole et le clergé de Besançon, pour la congrégation si chère à son cœur. N'en doutez pas, ô religieux pontife, vos vœux seront exaucés, je n'en veux d'autre preuve que la recommandation que vous faisiez pour vous-même à ce cher et vénérable malade et dont il a tenu un si grand compte. Vous le quittiez et vous ne pouviez vous résoudre à ne plus le revoir ; vous partiez pour Rome et vous vouliez le retrouver et l'embrasser encore au retour. Il vous l'a promis et il a tenu parole ; la mort a suspendu ses coups et vous l'avez revu, un mois après, plus affaibli et plus mourant, mais plus résigné et plus serein que jamais, n'attendant que votre retour pour chanter avec le prophète le cantique de sa délivrance : *Nunc dimittis servum tuum, Domine, secundùm verbum tuum in pace.*

Si vous me demandez le secret de cette agonie si prolongée, que vous dirai-je, sinon que Pie IX la bénissait, dès la première audience donnée à son cher fils, le Cardinal Archevêque de Besançon, et que Jésus sortit souvent de son tabernacle au milieu même des ombres de la nuit pour soutenir la défaillance du saint vieillard. A l'approche du Dieu vivant, tout son être se renouvelait comme dans les tressaillements de l'amour parfait. Il répétait avec un goût merveilleux ces invocations latines : *Veni, Domine Jesu. Domine, non sum dignus. In te, Domine, speravi.* Voici la fête de la Purification, il se rappelle qu'il a fait ce jour-là ses premières promesses cléricales, et qu'il y a bientôt cinquante-six ans, ses premiers cheveux sont tombés, au seuil du sanctuaire, sous la main de son évêque. Il incline sa tête dépouillée, il redit du même cœur et avec le même abandon, en bénissant son glorieux partage : *Dominus pars hæreditatis meæ.* Voici le jour des Cendres, sa tête se courbe de nouveau sous le signe du salut, et, à ces paroles : *Memento, homo, quia pulvis es et in pulverem reverteris!* Bientôt, répond-il, demain, demain !

Qu'elle s'approche enfin, qu'elle frappe, cette cruelle mort, le saint malade ne la nomme ni cruelle ni inexorable. Il lui tend les bras, il l'appelle, il se tient prêt à la recevoir. Ah ! que la mort est douce quand elle se présente sous les traits de Jésus qui vient chercher l'âme du prêtre et récompenser d'un seul coup tant de sacrifices, de vertus et de mérites ! Ouvrez ce bréviaire et lisez les versets que le malade a marqués pour s'entretenir avec Dieu dans sa dernière heure : ces versets ne parlent que de miséricorde et de pardon. Si ce commerce surnaturel de l'agonie qui s'achève est interrompu encore une fois, c'est pour permettre à l'évêque de Langres, accouru auprès du vénérable mourant, de s'approcher de lui et de lui adresser les adieux de la fraternité sacerdotale. M. Bergier, insensible à tout le reste, a pour son illustre ami un regard de reconnaissance, mais ce regard avait déjà plongé bien au-delà du monde. N'en doutez pas, non-seulement il a entendu Jésus, mais il l'a vu, un soudain rayon a percé la nue et les rideaux de son éternité se sont déchirés à ses yeux. Ombres du temps, dissipez-vous devant cette âme ainsi éclairée. Comprenez ce mystère , saintes filles qui veillez sur le départ de son âme ; de son dernier geste il vous congédie, de son dernier souffle il vous supplie de ne pas interrompre la sainte vision. « Eloignez-vous, murmurait-il encore, et laissez, laissez-moi seul m'entretenir avec mon Dieu. » Ce furent ses dernières paroles, la sainte vision avait commencé pour ne plus finir. Il était mort dans la 81e année de son âge et la cinquantième de son sacerdoce.

C'est dans le ciel qu'elle sera donc célébrée, cette cinquantaine à laquelle il ne manquait sur la terre que trois mois, et dont vous auriez voulu célébrer dans cette église la joie et la grandeur, parmi les derniers demeurants de son ordination, les concitoyens de sa paroisse natale , et avec l'assistance et le concours de ses chers neveux disposés autour de lui sur les marches de l'autel comme les rameaux féconds de sa paternité sacerdotale, ceux-là déjà chargés de fruits glorieux, ceux-ci dans la fleur et dans l'espérance de leur jeunesse. Il serait entré dans ce sanctuaire couronné par la vénération et la reconnaissance du clergé, et acclamé, d'un bout du diocèse à l'autre, par les vœux des prêtres, des religieuses et des fidèles qui peuplent l'église de Besançon. Vous nous l'avez ravi, mon Dieu, quelques jours avant l'heure marquée, et c'est pour une autre cinquantaine que vous avez voulu mêler ses suffrages aux acclamations de l'univers. Il a paru devant vous, les mains pleines de bonnes œuvres, ayant versé dans celles de votre vicaire les dernières et magnifiques épaves de sa pauvreté évangélique, mais assez riche encore puisqu'il emportait, en quittant cette terre, les regrets du clergé et du peuple, les larmes de son évêque et les bénédictions de Pie IX.

Soyez béni à votre tour, ô magnanime et glorieux pontife, pour avoir abaissé vos regards sur ce généreux vieillard et pour lui avoir facilité l'étroit passage de la vie à la mort. C'est sur votre nom, ô père commun de la chrétienté, que nous voulons terminer ce discours , en saluant le cinquantième anniversaire de votre sacerdoce et en nous associant, jusque dans notre deuil et dans nos larmes, aux allégresses de la catholicité tout entière. Permettez-nous de vous souhaiter, au nom de ce vénérable doyen du clergé franc-comtois, qui vous l'a tant de fois souhaité lui-même, santé, justice, honneur et victoire. A chaque voyage que notre bien-aimé cardinal accomplissait au seuil des apôtres, M. Bergier allait lui dire toute notre vénération pour votre siége et tous nos sentiments pour votre personne; à chaque retour de ces voyages fameux, il nous menait baiser les mains et recevoir les bénédictions de cet intrépide pèlerin, en qui nous retrouvions le plus doux des pasteurs comme vous aviez retrouvé en lui la plus fidèle des brebis. Et voilà que, pour vous saluer aujourd'hui dans la fête de vos secondes noces, c'est l'exemple de ce saint prêtre qui nous anime, c'est sa voix que nous croyons entendre et que nous essayons de répéter, c'est en nous groupant autour de son tombeau que nous vous crions du fond de notre province : santé, justice, honneur et victoire ! Elle est aussi votre Rome à vous, cette province qui vous a donné tant de soldats et qui vous offre tant d'impôts volontaires. Cette Rome nouvelle, cette Rome universelle que vous voyez, que vous entendez, que vous touchez dans les yeux, dans les paroles, dans les offrandes de cent mille fidèles accourus à vos pieds, elle est aussi dans nos cœurs, et nous vous supplions d'en agréer le lointain, mais filial hommage. Vivez ! vivez ! Saint-Père, vivez longtemps, vivez assez pour voir vos ennemis confondus ; ce n'est pas tout encore, vivez assez pour les voir à vos pieds convertis et repentants. Vivez assez pour ouvrir, présider et fermer ce nouveau concile objet de tant d'espérance et de terreur; ce n'est pas tout encore, vivez pour en recueillir les fruits dans cette ère de renouvellement et de pacification que les saints nous promettent et que nous attendons. Vivez pour dépasser les années de Pierre et célébrer vos troisièmes noces; vivez pour nous ouvrir à tous les portes du ciel comme vous les avez ouvertes au saint vieillard de l'Eglise de Besançon, et que tous ceux qui vous auront aimé, défendu, assisté ici-bas comme leur maître, leur chef et leur père, méritent de s'asseoir, après vous, au festin de l'Agneau, dans la splendeur des noces éternelles.

BESANÇON, IMPRIMERIE DE J. JACQUIN.